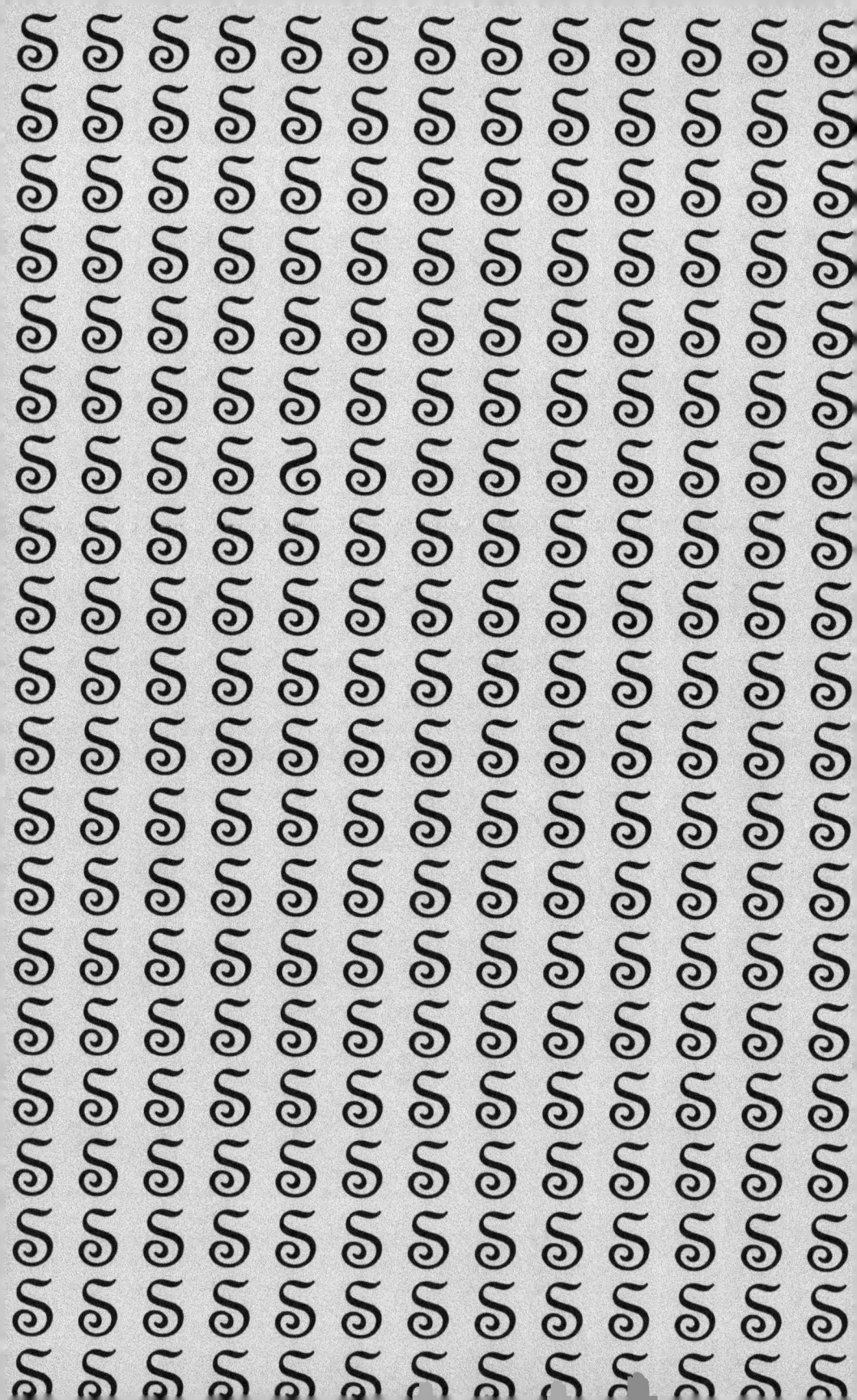

Locura
Exquisita

Locura Exquisita

Denni Zú

Poetisas al Sur del Mundo

Editorial Segismundo

Ƨ

§ © Editorial Segismundo SpA, 2014-2021

Locura Exquisita
Denni Zú
Colección Poetisas al Sur del Mundo, **2**

Segunda edición: Octubre 2014
Versión: 2.5
Copyright © 2014-2021 Denni Zú

Contacto: Juan Carlos Barroux R.<jbarroux@segismundo.cl>
Edición de estilo: Juan Carlos Barroux Rojas
Diseño gráfico: Juan Carlos Barroux Rojas
Diseñador de la portada: Juan Carlos Barroux Rojas
Fotografía de la portada: Denni Zú
Modelo de la portada: Denni Zú

Registro Propiedad Intelectual N°
ISBN-13: 978-956-9544-10-1

Otras ediciones de

Locura Exquisita:

Impreso en Chile
ISBN-13: 978-956-6029-69-4

Tapa Dura – Amazon™, etc.
ISBN-13: 978-956-6029-70-0

POD – Amazon™, EBM®, etc.
ISBN-13: 978-956-9544-10-1

eBook – Kindle™, Nook™, Kobo™, etc.
ISBN-13: 978-956-9544-60-6

Audiolibro – Audible™, etc.
ISBN-13: 978-956-9544-61-3 (Retail)
ISBN-13: 978-956-9544-62-0 (Library)

Dedicado a todos, cómplices de mis locuras, nombrarlos sería un juego macabro porque tal vez se me quede algún nombre incrustado entre pasado y presente.

Prólogo

E n *Locura Exquisita* vemos vulvas, labios, pupilas, sienes, úteros, lenguas, corazones, pies, ojos, bocas, sangre y piel a destajo, revolcarse en un torbellino de palabras ya no de mujer, sino de hembra; amor, celos, tentación, obsesiones, traición, éxtasis, ira, ternura, deseos, cariños y sueños conforman un universo en el cual doncellas sin enagua, niñas tan sólo ayer, se lanzan a la vida armadas apenas con el hambre de la juventud. Angurria de sentir. Ambición de ser.

Arráncame
el hábito de monja
devórate los pudores
envíciate con la hembra
oculta entre mis piernas.

"Confieso que soy mujer", podría haber dicho la autora. Y mucho habría de confesar, pues, beso tras beso, verso tras verso, nos muestra los pasos que la han llevado desde las tiernas mañanas entre sábanas a nacionalizarse en la tierra de nadie.

Convulsiones interrumpen mi talle
presunciones de tiempo con extraños
activan mi demencia en la calle.

Denni Zú nos toma de la mano y nos invita a saborear con desenfreno el afán de cada día, poema tras poema, en una montaña rusa de emociones, egos, llantos, vicios y versos.

Su mamacita...
bordó en sus muslos, con hilos de oro
unos bolsillos, en ellos guardara sus lágrimas
tuviera orgullo
jamás la vieran llorar.

Juan Carlos Barroux R.
Santiago de Chile, Octubre de 2014

Autoprólogo

Mi autoprólogo, no en señal de campaña a la buena escritora chilena, sino que como sobándote la espalda y susurrándote por qué debería leer mi libro.

Más que nada mis queridos mías, entendiéndose que va dirigido para ambos para usted o para ella.

Me deben leer porque la Locura Exquisita lleva dentro de sí, un torbellino de emociones, con estilo propio que nace desde mi ombligo y sube hasta mi garganta, dictándome cada poema mientras escribo.

Quisiera besarte con mis letras, acariciarte con mis emociones, volvieras a sentir el amor, el desamor, la rutina, el agobio, los celos y todo lo que me mueve para ser una poeta loca, que se alimenta de los suspiros que recolecto después de cada poema leído.

Un abrazo y prepárate a leer junto a un buen trago, te recomendaría una copa de vino y a disfrutar a mi Hembra, Leona, mis orígenes, mi virgen y acompañar a Nadia.

Denni Zú

PLAQUET LOCURA PREVIA

SABOREAR

Palpar el tiempo
con la lengua del olvido
mirar el futuro
con la boca abierta
esperando que la vida
se fije en mí.

LABIOS TRAICIONEROS

Labios traicioneros
tentaste mi boca
labios prisioneros
sabiendo que eras de otra…

Sonrisa coqueta
cabello rizado
¿dime qué hago?
para tenerte a mi lado…

Manos pequeñas
corazón huraño
mírame a los ojos
dime si te engaño.

Quiero olvidar
imposible, dejar de pensar
¿Cómo pude soñar?
que conmigo…
Sabrías amar.

SEGUNDO

Abrázame fuerte
como el agua al río
el sol al amanecer.

Sedúceme por un instante
tan solo por un segundo
segundo que utilizaré como calmante.

Delirio corporal
mudanzas de las emociones
te amo, te odio
al verte llegar.

Doncella
sin enagua
busca desesperada
caballero
sin espada
su hombría extraviada.

Guarda silencio
calla a la moral
bésame sin tus labios
pálpame sin tocar.

Si me amas
en un segundo
todo
puede pasar.

CALETA DE NIÑOS

Pipeño ácido; jarabe para la tos
agua ardiente; calmante natural
falopa; la especialidad de la casa.

Bienvenidos…
a la caleta de niños
desde sus aguas, desembarcan
limitaciones y desencantos
en grandes barcos.

Marginación
el gran pescador artesanal
transamos los mejores
pirigüines, lanzas, chorizos especializados
con pocos años en el mercado
para toda la ciudad.

Caleta forrada
asegurada por la amistad
siempre es igual
Noche
atenta contra mi capital
frío invernal versus mis cartones
vicios, ansiedad de mis peces por volar.

UNA CIUDAD PARA ENAMORAR

París, Roma, Venecia, Londres, pero Santiago de Chile ¿dónde?

Ciudad con un caos total, silencio es el mayor tesoro, colillas son alimento de palomas, burocracia una religión, cordillera es una postal y aroma de sopaipillas es el perfume nacional.

Sin embargo aquí en Santiago de Chile me enamoré cuando viajaba por la Costanera Norte de noche, miré las luces de aquella ciudad, en el reflejo de la ventana vi la sonrisa de quien me ama.

LEONA

Leona insegura
con sangre de fiera
busca a su hombre
sin importar
si lastima a un cualquiera

Depredadora de instintos
de apariencia inofensiva
seduce como gata
y ataca como arpía

Si te la topas un día
no te acerques
más presume de cobardía
pues ella del amor no sabe
ella sólo sale de cacería.

AVENIDA DE LOS PIES DESCALZOS

Ubicada entre las vueltas de la vida
gobierna
Atorrancia y Olvido
habitantes harapos desteñidos
perfume de orina
comidas típicas
el tengo hambre, una monedita por favor…
flora escasa
marihuana y otras hierbas
fauna abundante
perros fieles y bravos
casas sin techo
murallas fácil armado de cartón
nómades
todos creyentes de algún Dios
según yo, los olvidó.

Población aumenta
cesantes
han tomado la Avenida.

Intolerable
brecha económica
entre el atorrante de verdad y el que se suele
disfrazar.

El primero, luce pies descalzos
mirada perdida inocente
piel rosada
mescolanza de aromas
entre orín y vino agrio.
El segundo, le escasea cordura
cuerpo canjeable mutilado sin pudor
huele ambición, desfachatez
piel bronceada
una mirada realmente
repugnante.

ORÍGENES

Como caracolas del mar
Arráncame, mis orígenes
oculta información a mi ADN
expulsa a la pachamama
de mis sienes
más
llámame santiaguina.

Grítaamee!
India…
pese a que mi piel sea blanca
y mi apellido Zúñiga.

Contempla mis pupilas
mirada de fuego
descendiente huacha
de pueblos originarios.

No quiero inglés
exijo
el mapudungun.

Reprímeme!
escúpeme
eso haces
con el pueblo mapuche.

Amo el rocío del sur
mis orígenes…
pese a que mi piel sea blanca
y mi apellido Zúñiga
en mis venas corre
sangre indígena
simplemente
porque soy chilena.

Denni Zú

FEM Y SIDIO

Sidio la seguía y Fem corría

La idiotizó con su sonrisa
él, se obsesionó con su cuerpo
ella, se embobó con sus palabras
él con sus celos la protegía, la llamaba mía
ella todo lo justificaba
con un te amo
parchó sus labios ensangrentados
sanó su ojo morado.

Sidio mutiló a la mujer en dos
mitad esclava…
mitad puta…
ella sólo repetía te perdono
todo cambiará
nuestro amor
es de verdad.

Sus ojos cegaron toda realidad
bebió de sus lágrimas
odió su sexo
decidió escapar.

Fem corría y Sidio la seguía

Femicidio así lo llamaron
cuando encontraron
su cadáver en aquel matorral.

POR MUTUO ACUERDO

Dime cariño
cuándo tu boca
se quedó callada ante mi nombre
en qué minuto dejé de ser tuya
quedando a disposición las miradas de otros…

Dime cariño mío
cuándo dejé de ser bella
y me transformé en silencio.

Dime en qué instante
dejé de ser chistosita
y pasé a ser molestosa.

Cuándo nuestro futuro
se transformó en un rato más
o tal vez mañana.

Y sobre todo
cuándo dejamos de ser amantes
transformándonos en   amigos
bebiendo una copa de vino.

Susurramos
por mutuo acuerdo
démosno un tiempo
para embalar emociones
preparar maletas y buscar respuestas.

RECUERDOS HÚMEDOS

Invocando tu nombre en las noches mojo mi boca
acaricio mis piernas con cierta melancolía
tú aroma seduce mi dignidad
punto de extraviar el desenfado de tu ausencia.

Me refugio en tus brazos
perdiéndome en tus ojos
mis dedos recorren tu piel
tus manos atracan mi cintura
bebo de tus besos.

Te siento presente entrando al laberinto de mi
cuerpo.

Abro mis ojos
te busco agitada
mi cama está vacía
el sexo llora
humedeciendo mis sábanas
nuevamente
hago el amor con tu recuerdo.

CELOS

"Tengo tantos celos, como cabellos en mi cabeza"

Convulsiones interrumpen mi talle
presunciones de tiempo con extraños
activan mi demencia en la calle.

Ríes como si nada
indolente a sufrimiento
el mundo se vuelve pequeño
tan pequeño
que el tú y yo no habita en él.

Tú amor es un prendedor
se desliga desde mi pecho
repentinamente cae al suelo
quema la pasión
presumo que te voy a perder
cariñito
de este amor, no te acordarás.

HEMBRA

Deja de soñar con putas
¡mírame!
desviste con caricias
mi frágil cuerpo de señora
que Yo lameré tus deseos.

Arráncame
el hábito de monja
devórate los pudores
envíciate con la hembra
oculta entre mis piernas.

Desdobla mi sexo
con tu hombría
hazme mutar
en vulvas ajenas.

En tu regazo
cúbreme con sábanas
que yo seré
la gata ronroneando en tu pecho
la loba que aúlla tu ausencia
la chancha regalona de tus cochinadas
la vaca que amantará tus carencias
la perra fiel a su amo
y por último la mula terca
que se aferra a tu imagen
de macho necio.

Fantaseo con ser tu única hembra.

Me besas en la frente
no me tocas
susurras un buenas noches cariño
ofreces tu espalda
culpo a la rutina, maldigo al tiempo
enjaulo con resignación a esta hembra
que arde
humedeciendo nuestro
nicho de amor.

VICIOS

1er Vicio
Ignorar que existías.
"Mi mundo era mucho más amplio"
Tu nombre no estaba registrado entre mis
obsesiones
pertenecías a la multitud... no habían fronteras.

2do Vicio
Tus ojos
"El príncipe era de ojos azules"
Mientras tú te robaste mis pupilas,
yo me quedé con tus ojos.

3er Vicio
Celos
"Fugarme con extraños"
Ser de todos, sin ser de nadie...
simplemente para que reclames,
tú autoría entre mis piernas

4to Vicio
Tu Boca
"Pone a dieta la mía"
Ayuno de día, tus besos son mi único menú.

5to Vicio
Tus Defectos
"Hacen florecer mis virtudes"
Se multiplican a mi lado, transformándose en mis
placeres culpables.

6to Vicio
Tus manos.
"Grandes, fuertes y firmes"
Son la escolta perfecta de mis caderas.

7to vicio
Las llamadas
"Necesarias, como absurdas"
Envidio al celular, el que siempre está a tu lado
escuchando tu voz.

8vo Vicio
Tu sexo
"Esto tiene que ser amor"
No hay mejor orgasmo, que el verte
tierno frágil y dulce… acomodado en mi pecho
y yo acariciando tu pelo.

A pato perro.

SEXO CASUAL

Dejaré a las monjas
en la casa
y saldré con las putas.

No existirán caballeros
ni príncipes
sino puros forasteros
canallas calientes.

Personajes sin corazón
sedientos de beber
el néctar de
cualquier vulva.

Cambiaré los calzones de abuela
por ese colalé rojo
el mismo que pondré de sombrero
a mi ardiente macho.

De hombre tendrá
sólo su miembro
incapaz de eyacular sinceridad
sólo adula.

Creyendo que yo
me enamoraré de él…
y todo será mágico.

Perdidos en mundos paralelos
me dirá
dónde estabas
que no te vi antes
y yo sólo sonreiré…

Haciendo creer
que él es el amor
que siempre esperé.

LOBO

Tu nombre sabe agrio
leche coagulándose
en mi boca.

Tu piel huele a traición.
tus te amo, son una ofensa
a mi dignidad.

Tú
de amor
no sabes.

Tu imagen de galán
se diluye al igual
que tus palabras.

Deja el traje de oveja
Preséntate como lobo hambriento.

Cazas corazones princesas
los coleccionas como amuletos.

Tú
de amor
no sabes.

FAMILIA

Ríos de sangre fluyen
intersectan en el corazón
genética lo llaman algunos
amor lo llamo yo.

LENGUAS ÁCIDAS

ANIMALES

De dos patas y una lengua
habitamos en selvas pavimentadas
ropajes de colores, para camuflarnos
entre la multitud.

Al final del día, terminamos
con la boca espumosa
los ojos desorbitados
y las patas sobre otros
difamando a quien le va mejor
simplemente porque somos
animales con ropas

ACRIBILLAR

Con las manos vacías
yugular
cargada de miseria
apunté
jalé mi lengua
y disparé...

Con palabras calibre 2 milímetros le di,
justo ahí
donde se pierde el bien común
y nace la política, lo desangraron; los robos,
las mentiras, la desigualdad...

Agonizó, con chantajes
mi objetivo era claro, no creía en políticos
ni de izquierda, ni derecha...

Sólo creo en el bien común
del que sufre la pobreza
violentando la hipocresía de los corruptos.

DE / LENGUA / DA

Fans club de mujeres manos frías
han nombrado vocera
descuajando lenguas de cuerpos inertes
exorcizando amores mal paridos.

Colecciono el desecho de las hombrías abultadas
trasplantando hechos reales a terapias
recolecto las pubis ultrajadas en el nombre del
amor
de
ellas, extraigo los orgasmos vírgenes
lengua
que nunca dieron luz,
da
para gestarlos en mi boca
concibiendo, ninfas con alas de colores.

Fans club de mujeres manos frías
han otorgado la lengua oro, plata y bronce
para sobornar a los magistrados
y velar a las de Juárez.

¡ADVERTENCIA!

Me afilo a gases en la cara
a todos los curitas
que hayan crucificado
enterrando al niño
en cementerio, tierras de infantes.

Los haré Sollozar, todas las noches
bautizándoles el recto
dándoles mi maldición eterna
por haber pervertido, lo más sagrado
"la infancia"
por los siglos de los siglos
juro que lo haré.

¿QUIÉN DIJO?

Una gran hinchazón, invade mi cuerpo
bombardea a mis sentidos, sensaciones distintas
comer a la vez dormir, llorar sin saber ¿Por qué?
la ropa se encoge, enanchan caderas
mis pechos crecen, piernas se alargan.

Hormigas en mi vientre
intuyen algún caballero venir
mi sexo ensangrentado
la niña se fue, se impone la mujer.

Muñecas celosas jamás
volvieron hablar
ellas ya no eran
las más bellas del lugar.

Ternura, transé por admiración
lo amamanté, sin saber lo que era amor
no culpen a él
no sabía lo que era una traición.

Tengo diez y tantos
menos que ocho y más que cinco
no me veas anormal, soy mujer
olvídate de mi edad
Quien, no haya sentido…
ese calorcito abajo, sea mi verdugo…
hagan rodar mi cabeza…

No te alejes, sé lo que busco
algunos lo llaman pasión

yo lo llamo amor.

Muéstrame tu espada…
¡atraviésame!
hazme sentir ese dolor calienta mi vientre
culmínalo en sudor
lléname de placer…

¿Quién dijo?
que yo siendo niña
no puedo sentirme
mujer…

A LA NOVIA DE MI EX

A la novia de mi ex
no me interesa quien es
sonrisa dulce, piel morena
si no fuera la novia de mi ex
diría que chica más tierna.

No son celos, envidia quizás
yo pasado, ella presente
deslígalo de mi nombre
abandona la búsqueda de mis defectos
suprime al pasado
cree en la amistad
no pienses que a mi lado recaerá
pero si sigues jodiendo
todo puede ser.

A ti novia de mi ex…
A ti piernas picaronas…
A ti sonrisa insegura…

Escribe un futuro con puntos sobre las i
sin metáforas ni cuentos
aprende a ser feliz
abandona los celos
y una vez por todas
querida mía, olvídate de mí.

Por último
junté mis rimas para decir
que tú a mí no me lastimas.

"Es necesario mencionar que me demoré cuatro
años en escribir este poema"

VÍRGENES DE VÍRGENES

Soy María Lourdes; tan casta y pura
digna de María Lourdes.

El nerviosismo atenta contra mi careta
mujer abierta, mujer completa
pequeña idiota con prejuicios morales
caricias inconclusas
camuflo la torpeza acudiendo a la seducción
mis dientes frenan sus besos
la fuga de saliva, me cohíbe
con ternura, acaricia mi rostro
susurra un tranquila…
¿es tu primera vez? Sonó como pregunta.
yo respondí, un tal vez.

¡¡Eres virgen!!
dijo con soberbia y firmeza
con desfachatez y olvido, respondí que sí.
Virgen, a sus labios, manos, cuerpo, palabras,
miradas, gestos…

No miento, soy virgen a él.
cubierta con piel de remate
vendida a cualquier postor
que mire a los ojos me diga mi amor.
Prosiguió, con su plan de conquista
¿premio final?
el jugo de mi virginidad.
María de Lourdes, tu virgen jamás
me susurró mis recuerdos…

Quise hablar, acabar con su fantasía irreal.
más no pude...
esclava soy de mi lujuria
corazón de metal
ninfómana, adicta a orgasmos mortales...
su ternura noqueó, mi sed de verdad.

Alabó a mi piel;
recitó al viento
que pechos más firmes
piernas más delicadas; glúteos consistentes
labios sabrosos; mirada bella
exquisita, realmente una diosa
digna de una virgen de cristal
jamás nadie se atrevería a dañar...
me invitó a montar su caballo; sentí que volaba...
mientras me adulaba
yo sólo gozaba...

Cuando acabó...
me dio de beber su tibia leche
bautizándome con ella
luego cubrió mi ser
besos traviesos, sabor a inocencia...

Mi reloj sonó, sutilmente sonreí,
me vistió…
pidió perdón por haber robado
algo más que mi razón…
nadie, entendió qué pasó en aquella habitación
cuando de su billetera sacó 100 mil…

Hoy fui Virgen María de Lourdes…
mañana tal vez la Quintrala
o alguien que ame
esta vez con el corazón.

MALDITAS DISTANCIAS

Mundos paralelos habitan mi boca
gemidos vienen por mis lágrimas,
inundan un futuro próximo
gemidos vienen por ti.

Los celos afloran,
la piel aconseja desempolvar
sin culpas "el entrepierna"
en un acto de venganza de mi útero
deambulando con el alma en pena se niega
no asume que él no gestara tú hijo.

Y

Ansiedad, me congeló
tengo un frío tan agrio
ojos, piedras pesadas negras, sueños
cáscaras de huevo me parecen cristales en la mesa
mis manos tiemblan
los días pasarán y mis manos tiemblan…

Todo tiene un final
los cariños todos terminan en sal.

Los días pasarán
mi tiempo se queda ahí en las cáscaras de huevos
escurridas en mi cama
todo acaba
juro que amé.

POLÍTICA CABRONA

Arrancas
rojo copihue para maquillar
la boca virginal de la Patagonia
prostituirla al mejor postor.

Adornas su cabello
con luces de colores
auspiciadas por Endesa.

Política cabrona
Besas
saliva promesas turbias
mal traducidas según tú
mal paridas según yo.

Ignoras el sollozo de tu pueblo
se niega
ser meretriz de tus caprichos
la madre de arcas fiscales.

Como un microbio
me multiplico
hasta llegar a gangrenar tu moral
restregar con pestes infinitas
"mi tierra no se vende".

EXTRANJERÍA DEL ÚTERO

Me niego al cuerpo, niego al nombre, niego al ritmo.
Acepto que soy un hombre con nombre de mujer que se
mueve como ave.

AMOR

El amor, no se canta
ni se toca, ni se baila
el amor es libre
el amor no se escribe
ni se dibuja, ni se pinta
tan libre, desplazándose en los cuerpos sin
ataduras
el amor no se crea
ni imagina, ni se sueña
no conoce límites, es un rebelde furtivo
huye, de los estereotipos refugiándose
en el sexo,
escondido justo ahí
donde brota el orgasmo y muere la rutina.

VIENTO

Los espejos
empañan
expropiando tu cuerpo
lágrimas rotas.

Construir historias,
besos con sabor a rutina
ojos que pierden, su órbita.

Alimentar, con mis pechos
entretener, con mis caderas
así obviar los nombres.

Sustantivos propios
dejarán de ser propios
pasarán a comunes.

Ya es tarde
malas palabras ofensas
espejos empañaron.

Rutina, se transformó en beso
vientre dejó de ser tierra fértil
la voz se infiltró en el viento.

PASÓ

El olvido pasó por acá
Y el muy ingrato
olvidó, llevarse tu nombre.

CARGO

Cargo en mis pechos mal de amores.

Engrillaste los tobillos
con las sábanas
jalando de los cabellos
cabalgando en la locura.

Con tus ojos
encapsulaste el tiempo
horas fueron años.

Sonrisas de niños
explora los límites
extraviándonos
en los pliegues de mis nalgas.

Las manos
expandieron en las bocas
polvos mágicos
dejando en ropa interior
grabada la audacia.

Me esparcí en nada
cuando tu nombre
lo fue todo.

Mal de amores, cargo en mis pechos.

DECESO

Cuando muera
mi amor
no quiero pésames
palabras melosas.
No quiero flores blancas
olor a muerto
no quiero resignación
ilusiones congeladas.
Quiero la libertad como cajón
el búnker de iglesia.
coro de risas de sus amigos.

Cuando me muera
mi amor
procura
devolver los pésames hipócritas
desojar las flores
rabiar mi partida
y sobre todo
maldecir el tiempo
nuestro verdugo.

A pato perro.

LA RUTA DE NADIA

GÉNESIS

El llanto de la criatura
recién paría, tan estremecedor
el eco sonó a nadie.

BAUTIZO

Con ojos grandes, oscuros
piel canela, mejillas sobresalientes
la Pacha Mama, la nombró
"Latina".

No recordamos, si peruana
chilena, boliviana, argentina o mexicana
sólo sabemos que la bautizó
"Latina".

BOLSILLOS

Su mamacita…
bordó en sus muslos, con hilos de oro
unos bolsillos, en ellos guardara sus lágrimas
tuviera orgullo
jamás la vieran llorar.

PASOS

Uno, dos, tres y fueron cien, doscientos hasta mil.

No
bastó con eso, fueron
más de cuatro millones de pasos…

Hasta que sus pies olvidarán a la Pacha Mama,
que la vio nacer.

EXTRAÑA

Abrió los brazos queriendo abrazar al aire
sentirlo propio   no prestado
menos   ajeno.

Abrió los ojos tan grandes queriendo ver el
paisaje
sentirlo propio   no prestado
menos   ajeno.

Desenterró la voz queriendo gritar tan fuerte
sentirse en casa   no visitante
menos   extraña.

¿? DERECHOS

A los vivos   no se les llora
ni se les regala flores
ni se les prende velas.

A los muertos   no se les olvida
ni se les levantan injurias
ni se les invoca.

A las mujeres   no se les maltrata
ni se les abusa
ni se les discrimina.

A los hombres   no se les depila
ni se les embaraza
ni se les victimiza.

A los pobres   no se les educa
ni se les estafa
ni se les desprecia.

A los ricos   no se les enjuicia
ni se les ofende
ni se les humilla.

Los derechos se escurren
despacio
entre los vivos   las mujeres pobres
exceden
entre los muertos   hombres ricos.

TRABAJO

El empleador, lo cargaba en la frente
trabajaba cantando al sol, canciones de cuna
bailoteaba a la luna, media noche
el pan y la vida, su remuneración.

Las horas extras las cancelan
con carcajadas a media tarde
un par de medias nuevas.

Ella, bienaventurada
el trabajo era simple, dejar ¿los por qué?
en ayunas, aplicar ¿los para qué?

MAPA

Con una daga, el destino bosquejó en su cuerpo
un mapa
donde el amor fuera sus fronteras y la locura sus
ríos.

Sin saberlo ella, dueña de todo
sin presagiar que de su torso emergerían
montañas
desconociendo el capullo yaciendo entre sus
piernas
flor nativa amazónica, brotaba un volcán…

En sus labios, copihues florecen copos blancos
de nieve
ojos azules, serian el mar de aquel galán
patriota, residente de tomo y lomo
deslumbrado en humedad latina del vientre de
Nadia
anidaron, un copo de nieve tostado con plumas
de cóndor.

RELIGIÓN

Dios, no tiene pasaporte
¿para qué?
las fronteras, de los hombres
la tierra, de él.

APOCALIPSIS

El llanto de la criatura
recién paría, tan estremecedor
el eco sonó a patria.

NACIONALIZADA

Nadia, dejó de sentirse nadie
cuando palpó un mapa en su vientre
de sus pies germinaron unas raíces
esos mismos pequeños, menudos pies
que la llevaron a recorrer su ruta.

La ruta del extranjero en tierras propias
el abandono de las tierras que no germinan
ni dan de comer.

Su acento, no era acento
los años, la escuela, calle mimetizaron la
vocecita cantada
evolucionando a una voz fuerte, clara y firme.

Entrelazó sus dedos con los del copo de nieve
sin temor que se derritiera el amor entre sus
manos.

Deshilachó, con ternura maternal de sus muslos
los hilos de oro
dejó, caer sus lágrimas de felicidad
con el mismo hilo bordó en su pecho
una bandera de tres colores
la misma bandera que la nacionalizó
dejó de ser extranjera
en tierra de nadie.

SERIE SUICIDIO DE EGOS

SINOPSIS

Cuando el yo, deja de ser tú
se trasforma en un nosotros
luego en un él
todo un inicio de un gran final.

CISNE

Me conociste, como un pajarraco cualquiera...
con voz de loro, patas de pollo
boca de pato, sin plumaje vistoso
sin ganas de volar, cacareando por mi mala
suerte.

Llegas tú, un ruiseñor de tomo y lomo
arrancas con tu canto mis plumas de gallina.

Y así fue
como me transformé de un pajarraco cualquiera
a cisne de cuello largo, digno de la belleza de un
ruiseñor.

PARIENDO EGOS

I

Belleza enfangada, dignidad una aberración.

El ego, gestándolo veinte años…
sin concebir, sintiéndolo vivo
entre mis piernas, pero sin parirlo.

Llegas tú, con la brisa de tus palabras
pules la belleza, me arrancas el ropaje de
cenicienta
dejándome desnuda
gi - mien - do
un ego, a medio parir.

II

Ya no era "obesa", me bautizaste
"mi chanchita bella" con tus besos maquillaste
mi boca.

Mis ojos negros se camuflaron de lucero,
alumbrando nuestro futuro
tacones, marcaron el antes y el después.

III

Abrí la ventana
de mi mundo interior, ver más allá de mi nariz
descubrí mi pelo, brazos y piernas juntas
siempre me llevan a ti.

IV

Te olfateé como cobre, piedra fría y tosca
con mis manos te moldeé, pulí tus encantos
y tú
con esencias evolucionas, en el diamante en bruto
más costoso que aún no logro comprar.

V

Fabricamos, con mis miedos unas pastillas
con las cuales, nos dopamos intoxicando
al tú y yo
pa - rien - do
al yo y yo.

DESIERTO

En el desierto de mi cuerpo
tú
te presentas como oasis.

Deslizas por mis llanuras
tú nombre
arena gruesa de mi cuerpo.

Me deleito ante, la belleza de tu imagen
oasis, que soñé ahora, lo habito, piso y respiro
imposible… no sentirte mío.

COLORES

Ya no era blanco ni negro
a tu lado, descubrí
colores inimaginables…

El tú, suprimió
todo lo gris del entorno
brindando tonos dorados.

NOMBRE

Mi sustantivo propio
cada día es más bello
sobre todo cuando
lo pronuncia tu boca
acompañado de un melódico
"te amo".

JULIO CÉSAR CLEOPATRA   Y

Mutamos de Quijote y Dulcinea
a Romeo y Julieta, resultando ser
al final de los tiempos
Julio César y Cleopatra.

Yo
la reina de tus ojos
tú
el proveedor de mis caprichos.

BELLA

Ante mis ojos
yo…
insoportablemente bella
no sé…
cómo ni cuándo
intoxiqué a mi ego.

Lo dopé con vanidad y egoísmo
adicto a piropos de extraños
envidia de féminas
sobre todo
a parar el mundo con un dedo
y alimentarlo con sonrisas coquetas.

CULMINACIÓN

Mis pupilas
te reconocieron como gurú
tú voz, me nombró
diosa.

De la nada, construimos
un todo.

El paraíso, se volvió pequeño
vanidades poblaron el paisaje.

Tallamos nuestros rasgos
en sábanas
con libreta, emigramos de los caprichos
a la descendencia
en pañales, culminó nuestro amor.

SOL

En el universo del tú y yo
no existía el sol
sí, la noche y el día
pero no, el sol.

Nueve meses…
el astro llegó
artesanía hecha a mano
deslumbrante, bello
impregnado de nuestros egos.

En ese minuto no importó
ni la noche, ni el día
todo, giró en torno del sol.

SUICIDIOS DE EGOS

I

El sol se fue buscando amanecer
mientras, el tú y yo
se filtró en sus maletas.

II

El nosotros desapareció
quedamos brindando
sin copas
25 años de matrimonio.

III

Mi talla de dulcinea
se fugó con tu mirada joven.

En su lugar
llegaron
las ojeras y estrías.

IV

Tus ojos estaban cansados
de trabajar
¡No había quién mirara
mi cuerpo desnudo!
la piel
ya no se quería mostrar.

V

Entregamos nuestros votos
al sol, empolvando
nuestras vanidades.

VI

Casi tres décadas
inhalando rutina…
consumiendo un veneno intrínseco
en sí mi amor
ya mi amor.

VII

El sol se fue, quedando
con el descuido en las manos
nuestras pieles, tatuadas de tiempo
el ego agonizando.

VIII

Ya no era cisne ni tú oasis
¡te culpé, me culpaste!
de habernos olvidado

Aquí estamos
bebiendo nostalgia
visitando el mausoleo de nuestro ego.

IX

Amor…
el tú y yo, no lo mató
se autoinfirió
heridas mortales de amor
desprendiéndose de nuestras pieles.

X

El ego
¡se suicidó!
nació ese sentimiento
él mismo alérgico al egoísmo
humilde y carismático
y así quedamos...
siendo un par de viejos
sin egos
simplemente
un par de viejos
descuidados y sin egos
simplemente...
un par de viejos
solos y enamorados.

VERSOS PARA ANAÏS

*"El erotismo es una de las bases del conocimiento de
uno mismo, tan indispensable como la poesía"*
Anaïs Nin

EXHUMAR

Letras de poetas muertas
buscando el verso que brota del ombligo
desprender hiatos del cuerpo
verbalizar pubis personificando el deseo
acentuar el éxtasis, neurosis, la ordinariez
adaptarme a mí misma, esa es
mi mala poesía.

ELLA

Vagar
el lenguaje en los labios
pupilas dilatadas manos alertas
vagar.

Esconder
la conciencia perdida
llamé, te nombré María, June y Patricia
esconder.

Anhelar
boca de hombre
labios, color rosa piel de madera
anhelar.

Anhelar, vagar, esconder
al personaje en cuyas piernas duerma la Anaïs
enclitoriada en la humedad de mis culpas.

SALVE[AMÉ]

Ampárame
sin pronunciar mis vocales
no me dejes inmóvil
coleccionando figuritas,
quiéreme con ganas
de abotonar los ayeres
mis labios despójalos del cuerpo
recítame
poemas de Neruda,
Gonzalo, Benedetti.

Quiero ser el hilo
que cosa tus heridas
el crayón
que coloree
tus miedos
la caldera que alimente
a tus hijos.

Quiéreme con ganas,
pero con ganas de beber
lo prohibido
tus ojos despójalos del cuerpo,
curioséame memorizando gemidos
píntame
ser tu Maja desnuda
después del placer.

Quiero ser el agua de tu primer baño
las yemas de los dedos
con la que anhelo que me toques
absorber la última gota de sudor
nuestro acto carnívoro.

PERVERSE[AMÉ]

"La carne contra la carne produce un perfume,
pero el roce de las palabras no engendra sino
sufrimiento y división"
Anaïs Nin

Lenguaje devorando doncellas
vomitándolas
en féminas adictas al placer.

¡Ay Anaïs, maldita perversa!
ninfómana autóctona de deprimidos orgasmos
por el género mal cosido.

Rearmas con hebritas rojas
miradas lúgubres
coloreas las boquitas de
un poquito más, un poquito más
tócame aquí, tócame así
un poquito menos, un poquito menos.

Y así como si nada
te haces la mentora de mis piernas
sugiriendo rezar diez Padres Nuestros
cuatro Ave Marías
¿ellas habrán sentido?:
Cómo devoras el arrepentimiento de la pelvis
dejándola libre y sin moral
sin pecado alguno.

PALABRE[AMÉ]

Palabréame
conjuga los verbos en mis pliegues
cubre mis carencias
trátame como sustantivo propio
tan propio
que ningún nombre sonará igual al mío.

POESIE[AMÉ]

En la neblina del pasado cubres el amanecer de
mis presentes
habitas en lo prohibido polveando las
experiencias
delineando puentes
ábreme la boca
apretando mis labios
introdúceme letra por letra poesía entre las
piernas
yo
cantaré décimas en tu ausencia e invocaré a
noveles muertas
todas
danzaremos semidesnudas alrededor del
lápiz del poeta viejo
seremos las comas
acentos hasta hiatos en las estrofas jamás escritas
haznos verso vivo
querido mío
nosotras seremos los diptongos
piernas abiertas esperando tu tilde
queremos ser cacofonía del verso que
avergüenza a los enamorados
conmover a las noveles ya enterradas
carentes de amantes viejos
antología de sus pasiones en un solo léxico
llamado poesía.

(   )

"Cualquier forma de amor que encuentres,
vívelo.
Libre o no libre,
casado o soltero,
heterosexual u homosexual,
son aspectos que varían de cada persona"
Anaïs Nin.

Las luciérnagas de mis lunares
domestícalas
deléitalas con tus manos
mientras
me emborracho de los ayeres
perfumando de hoy
besando aquellos
los cuales negaron la blancura de las retinas
obsequiando pestañeos al techo
gesticulando gemidos
olvidados en mis talones.

CIRCUNFERENCIAS

Inhalar
el último suspiro de la novata
exhalar
escupir el futuro idílico de las sábanas frías
con los pulgares estampados
en tu rostro
reprimiendo la lava de tu perversiones
con mis quejidos invocar
a los gatos en los tejados
buscando el círculo perfecto
entre la fantasía y la realidad.

ELLAS

Bombal y Nin
piden sushi en el Barrio Bellavista
tienen los ojos de Elizabeth y Darla
ambas con paladares ordinarios
fingen diferenciar las carnes blancas
bebiendo el licor uvas agrias
cosechas de los treintas
ríen, sueñan
se tocan entre los silencios
murmuran entre las risas ajenas
y cuando el mozo
trae la cuenta
ambas se tocan los bolsillos
la locura no trae cheques
los esmaltes
se lucen en las noches
junto a las aguas frías.

APAGA LAS LUCES

¿Sientes?
abre las manos
apretando los parpados
abriendo la boca
apaga las luces.

¿Tocas?
cierra los ojos
apretando los músculos
abriendo las piernas
prende los pezones.

¿Muerdes?
silencia el cuarto
huele las pieles
abriendo los sentidos
hazme tuya y
apaga las luces

FOTOCOPIAS

Envejecer no te impide amar
mientras su pincel bosquejaba
pero amar te impedirá envejecer
cuando lo fotocopie entre mis curvas.

Denni Zú

LA UVA SECA

El invierno en pleno verano de tus miradas
me ha dejado la uva seca, tan seca
que ya no tengo licor alguno
para emborrachar a ningún forastero.

INÉDITOS

NUNCA

Cerró ventanas
su cuerpo seguía con aromas ajenos
los bichos acumularon silencios
apilados juntos a los libros.

Nunca
me amó
sin embargo encendió la intimidad
pudores
balbuceando idiomas ajenos a lengua
las caderas se extraviaron en lo perfecto.

Nunca
notó que abrió su alma
en sus ojos dormí
con sus manos domestiqué a los bichos
los marqué incestuosamente con sangre
siempre seremos mutuos
aunque los polvos
huelan a otros nombres.

SILENCIA

Lenguaje
lo tengo prohibido
necesidad
flagela el sentimiento
espasmos
deletréalos
abusa las ausencias
derrama el pecado
diálogos incompletos
tacones en mis costillas
cinturón en tu cuello
susurra
que te complazco.

DAME

El néctar
violentado caricias inconclusas
maldice la intimidad
coagulada de lágrimas rotas
balbucea el paraíso
devora los verbos
incluye todas mis letras
destácame entre tus amantes
ruboriza la versatilidad de los cuerpos.

FORASTERA

Tu muerta
extravió el cuerpo
trasmutó las habitaciones
cubrí mi anonimato entre tus sábanas
sonrisas olores pieles figuras bocas
jamás fui ella...

Siempre lo supe
mas
tú
lo ignoraste.

MAL QUERER

Escupe el ego
inventa amoríos con borrachos
la copa de vino derrámala
orgasmos fingidos a media noche
piedras acumuladas en los veladores
y maldiciones
escupidas en un mal querer.

DARÍO

Las emociones caminaron por un mundo paralelo
el pensamiento perdió su cobertura
las frecuencias de extrañarte se anularon
al punto de perder el título "invicto" de amarte
tanto.

Otro querer se posesionó gracias a las distancias

Otros ojos
Otra boca

Mientras mis días quedaron atrapados
enjaulados en recuerdos
las calles que recorrimos juntos.

Mi nombre te lloraba en duelo
tú futuro fluía en agua fresca
lágrimas hicieron de mí
poza putrefacta de proyecciones que no fueron
abro las manos grietas.

Vomitar excusas.

Te quiero tanto
te quise tanto
tanto, tanto, tanto.

CÁLLAME

El diccionario agoniza
improperios torturan la ausencia
tildo lo inaceptable
versifico lo que nunca tuvo acción
metaforizo lo real
vomito dislexias
suplicando
que no vuelvas a ser un sustantivo común
no dejes de ser mío
por ser aquel, que me desconoce
me abandona
me huye.

UN HOMBRE

(a mi padre)

Un hombre sostiene la cabeza
brinda súper poderes
ignora emociones
su coraza me cubre
dibuja límites desde los bolsillos
sus ojos monitorean la felicidad
un hombre, un hombre
mi padre
mi hombre desde mis pañales
la niña de papá, me huye
si tú niñita inocente boca
la niñita, tú niña de papá
se arropa cuando la vida era simple
y la infancia era el paraíso.

LAVAR LOZA

Rehuyó, agua fría ritual cotidiano
las comidas resumidas
en las grasas de mis platos
pegajosa melancolía
reniego, reniego ser la friegue
caricias inapropiadas a los recipientes
que se burlan, torturando mi tiempo
transformándose de poco a obsesión
la loza debe brillar, así lo dice el manual
es el mismo manual, el que me niego a leer
y sin embargo lavando mis platos
memoricé.

CIGARRILLOS

Palabrerías mil se hacen humo
me besas
devorando los miedos
pensiono a diario la huida de la melancolía
las ventanas ocultan a los perros
vagabundos anhelan tu placer
mi mano temblorosa
exige tu perfume de nicótica mentolada
ay droguilla, de mis pasiones
quien te ha amado no puede abstenerse a tu
cuerpo pequeño
deslizándote por mi dedos
te consumo con calma mortuoria
los impuestos te han vestido de tacones
mis marfiles mordisquean humedeciendo tu cola
ay pucho mío, tan mío tan de nadie
te haces humo cuando todo es viscoso.

PUDO

Cuando letras visten pantalones café
barba abundante
ropaje de pobreza
las ignoramos.

Pudo haber sido Neruda solicitando leer
mas le dijimos después.

Con su boca seca
pudo haber sido Bolaño solicitando leer
mas le dijimos después.

Con su cuerpo tembloroso
pudo haber sido Gonzalo Rojas solicitando leer
mas le dijimos después.

Se fue con sus versos debajo del brazo
llegó a casa y lloró
repitiendo
después
no llegará jamás
pues de viejo pobre
y sin nombre he de morir.

TU NOMBRE

Tu nombre excusa para más de cien poemas
no sé si de amor o desengaño
miseria o espantos
sólo sé
que fue el pretexto para escribir más de cien
poemas
apareces en mi gramática como un tilde buscando
su letra
de los escritos
ya no queda nada
ni versito dramático
ni cacofonías molestas
queda en una sala de hospital
tu descendencia a la espera que lápiz termine de
escribir tu prosa
que se negó a ser versito en mi boca.

Y TODOS ÍBAMOS A MORIR

Como gallinas a sus criaderos
y vamos cacareando sabiendo que todos
pondremos huevos
e iremos a morir.
Es la ley de la vida repitió el pato
mas el ave no quiso aceptar, se negó a poner
huevos y cacarear
no fue la excepción y la muerte a sus plumas se
aferró.

Me niego a nacer en la boca del otro
mi deseo de volar se halla sin plumas
me niego a parir a otra en mi boca.

TRASQUILADA

Me presento al siglo 21
tacones firmes
delineando territorios
mis piernas, un laberinto
virginidad una leyenda
pudores ninguno
sexo sin amor
placer por montón.

Toda una farsa
cuando se trata de actuar
prejuicios, son mi verdugo
su encanto, mi descontrol
fui por unos masajes
terminé sin ropa interior
gimiendo a media voz.

ZARPAR TIERRA

Parpadear
una
y
otra
vez
madre tierra alimento
abono
niños comen tierra
coleccionan
gusanos en sus entrañas
mirar la infancia como vejez.

Parpadear una y otra vez
madre tierra abono
alimento
tierra se come a los niños
gusanos coleccionan entrañas
mirar la vejez como infancia.

EL DRAMA PROFUNDO
ES QUE LA VIDA
NO ME ENCUENTRA

Bebo de la fuente
hasta saciar el regocijo
más candente desde mi origen
en ese acto demencia absoluta
noto, perversidad insaciable de lo prohibido.

FUGA DEL VERDE

Pasos lentos
hacia al purgatorio
ojos clavados
cemento
camina, camina.

Paisajes grises
desesperanza
sombrero
tiempo eterno
camina, camina.

Párpados
recorren
compás del viento
brisa cala huesos
susurran las hojas.

Deja
de caminar, caminar
alza pupilas
el verde viene por ti.

La esperanza
colorea las veredas
el olor a barro
perfuma los caminos.

La ciudad se manifiesta
sol grita
el verde se ha fugado
para pintar
toda la humanidad
ya descolorida.

DRAGONES

En los ojos duermen los dragones

En los cabellos bailan las ninfas

En la boca se bañan las estrellas

En los pies se construyen imperios

En los hombros se carga el paraíso

En las caderas se domestican los unicornios

En los pechos se amantan las bestias

En los genitales se guardan los miedos

En el ombligo se esconden los brujos

En los tobillos se topan las cadenas

En los hombres la poesía es la libertad.

Biografía de la autora

E lizabeth Zúñiga Lorca, conocida como Denni Zú, Poeta escritora, nació el 22 de Agosto 1983 en Santiago, Chile, y es Auditora Tributaria de profesión. En el 2010 empieza a participar en distintos talleres dictados en la SECH, en la Chascona, casa de Neruda, Biblioteca Nacional, Centro cultural de España y en diversos lugares de Santiago.

En el 2011 gestiona la Galería de Erosciones (Encuentro de poesía erótica).

Ha publicado dos *plaquettes*, "Locura Previa" y "Lenguas Ácidas", el libro "Versos para Anaïs", publicado en Argentina, Buenos Aires, por la editorial Árbol Animal. Ha sido invitada a lecturas en Buenos Aires, Argentina, en el 2012, 2013 y 2014.

Su poesía ha roto fronteras, siendo leída en Argentina, Colombia, México, Ecuador y España destacando su originalidad fuerza y seducción. Su trabajo ha transcendido, no sólo en sus publicaciones, sino que la autora es invitada permanente en diversos escenarios en los cuales ha compartido con destacados poetas e importantes músicos de la escena local.

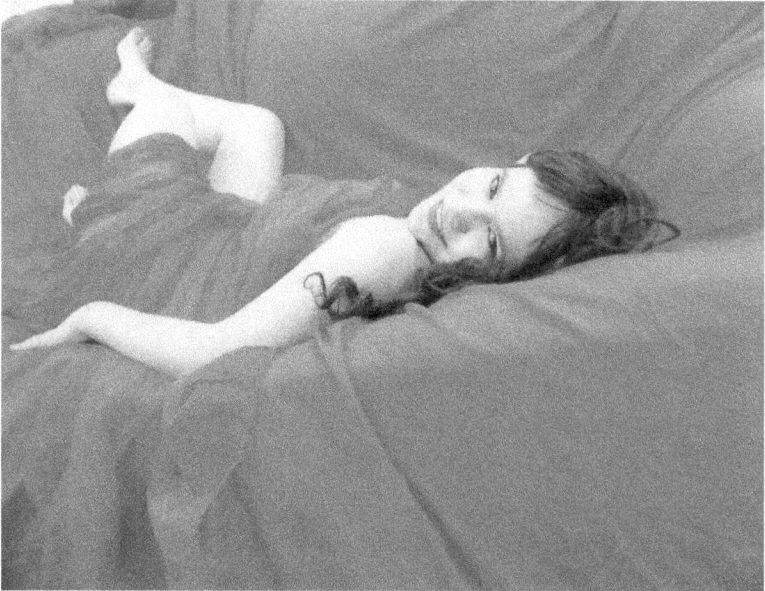

Tabla de Contenidos

Colofón

Este libro se imprimió mecánicamente, no sabemos dónde ni cuándo, por algún robot dedicado a la impresión bajo demanda. Por lo tanto, nos es imposible indicar cuántos ejemplares han sido producidos a la fecha ni cuántos lo serán en el futuro. Esperamos que se haya usado papel Bond blanco y una tapa de cartulina polilaminada a color, con una encuadernación rústica mediante *hotmelt*. Por lo menos estamos seguros de haber usado la tipografía *Book Antigua*, en varios tamaños y variantes, para la mayoría de su interior.

Locura
Exquisita

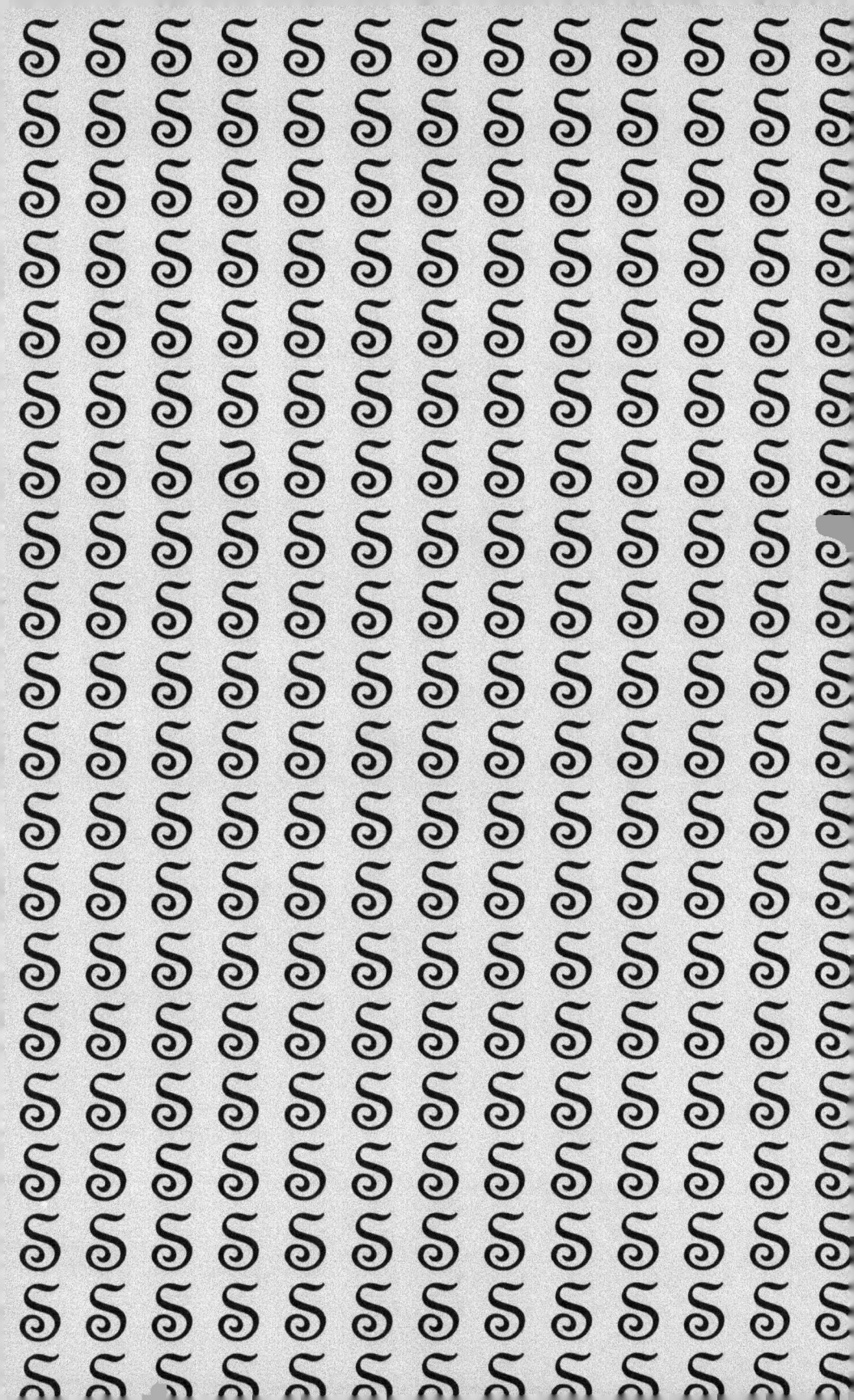

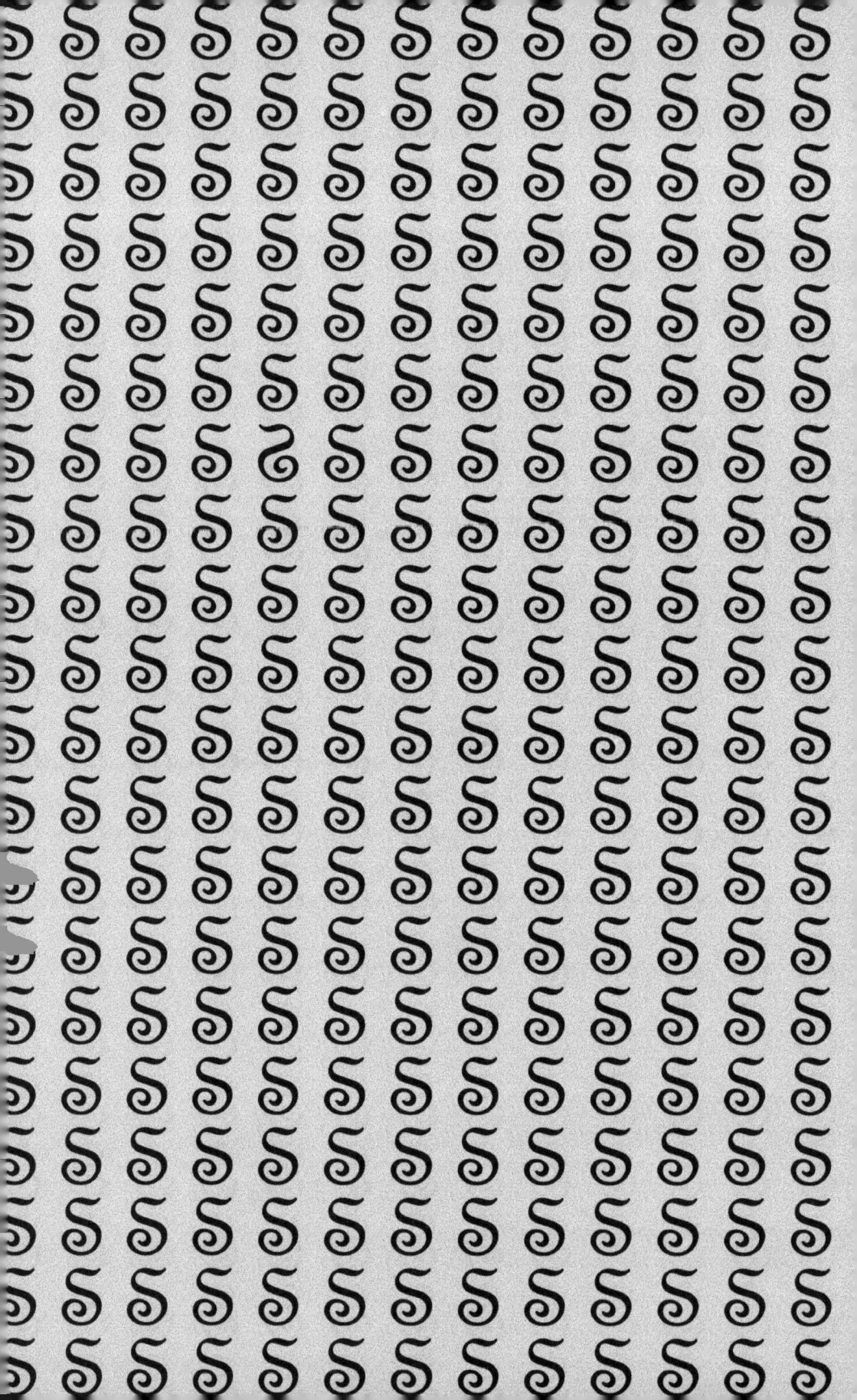